F C+ F C+ F Gm7 C7
Dm Gm7 C C7 F Eb C
f
F F7 Bb F7 Bb F7
p
Bb F Am E7
cresc.
Am Fm6 Gm6 Gm7 C9
f

p
C+
F
C+
F
C+
F
C+
f
F
Gm7
C7 Gm7 C7
Dm
Dm7
Gm7
C7
rit.
F
Ab
Db9
G7
"MARIA"
Moderately (warmly)
mf
C
Gmaj7
C
G
Dm7
Cmaj7
C
Gmaj7

f
Am
Bm
F
pp
tenderly
rall. e dim.
Em
Gm
D
B♭9
Fm
(sus.G)
Moderate Beguine tempo
pp
ppp
mp
C
G
D7
G
D7
"TO-NIGHT"
warmly
mp
G
A9
G
A9
G
Em7
F♯m
F9

B♭
C9
B♭
Cm
Cm7
Cm6
mf
D
D7
f
E♭
Cm6
E♭
dim.
Cm6
B♭m
B♭m6
A
A7
pp
A7-5
G
A9
cresc.
G
Em7
mf
Bm
Am7
f
Gmaj
Em7
Dm7
rall.
G9

Fast (with rhythmic excitement)
p
C
D
C
Am6
C
D7
C
Am6
C
B♭
cresc.
D+
C7
1
f
F6
Cmaj7
C6
C(add F♯)
C
2
f
G6
Em6
G6
Em6
Warmly
dim.
mf
Dmaj7
D6/9
D+
D6/9
Amaj7
Am7
3
A9
Amaj7
Am7
D6
B♭m7
D6
Amaj7

3
p marc.
Am7
A9
A7
A13
D
D
dim.
pp
sempre dim. pp
Em
fade out
D
Em
D
D
C
D7
Slower
p
rall.
G
F dim
B♭m7
C+9
C+7
"ONE HAND, ONE HEART"
Slowly
mp
F
B♭
C
F
Dm
Am
E♭
B♭
cresc.
p
F
B♭
C
B♭
E♭
A♭
Gm
C7
C7+
F

Bb F Bb C7 F Dm Am Eb
cresc. f p
Bb F Bb C Eb F Gm Dm
pp
Gm Eb Ab Gm C7 C7+ F Bb Bb6 F
"AMERICA"
Moderately bright
f p mp lightly
C C
F C G Cm7 Bb
sfz f p sfz
Ab C

"SOMEWHERE"

Slowly
p
Bb
Bb7
Eb7
Ab
Fm7
(♮) Bb7
Eb7
Ab
Bb
Bb7
Gm
Cm
Ab
Db
Bb
p
Bb
Bb7
Eb7
Ab
Fm7
(♮) Bb7
Eb7
Ab
Bb
Bb7
Gm
Cm
cresc.
Ab
Db
Bbm
Gb
mf
Cb
Abm
f
Ebm
Fm7
p
Cb
Abm6
Gb
F
rit.
Dm7